오월의 바람

곽도경 시화집

오월의 바람

도서출판 두엄

시인의 말

여기까지 오는데
87,600시간, 참 오래 걸렸다

어제처럼 오늘도
나는
시를 그리고
그림을 쓰고
······.

차례

시인의 말 · 5

제1부

코로나1 —봄도둑 · 15

코로나2 —고슴도치 딜레마 · 16

코로나3 —어떤 봄 · 18

새들은 우편함에 둥지를 틀고 · 19

나쁜 엄마 · 20

냉이꽃 걱정 · 22

스며들다 · 23

겨울에 찔리다 · 24

꿈꾸는 민달팽이 · 25

법원 앞 은행나무 · 26

범뜰 이야기 · 28

안동갈비 · 30

미안한 밥상 · 31

저장 혹은 삭제 · 32

중복 전 날 · 33

제2부

청동 신발 · 37

우울한 비상 · 38

비프로스트 · 39

바나힐 · 40

차라리 · 41

아가리를 가진 발 · 42

다섯 개의 입 · 44

분홍의 말 · 46

청산도 · 47

어떤 토르소 · 48

추억식당 앞에서 · 50

하필이면 · 52

부부 · 53

마음 마시기 · 54

오월의 바람 · 56

푸른 편지 · 58

남평 문 씨 세거지 · 60

제3부

쉿! · 63

우포 소묘 · 64

하심(下心) · 66

덕실이 할매 · 68

오래전 그녀 · 69

마음을 꿰매는 신기료장수 · 70

순철이 아재 · 72

오래된 우물 · 74

양파 · 75

지푸라기라도 잡아야지 · 76

어북실 · 78

질문 · 80

화원 장날 · 82

하늘하늘 낡은 것들 · 84

자화상 · 86

제4부

차가운 온기 · 89

백일홍 · 90

나팔꽃 유정 · 92

구월 · 94

시월 · 95

11월 · 96

검은머리방울새 · 97

꽃돌 · 98

뇌졸중 · 100

흰나비의 꿈 · 101

나룻배 그리고 기억 · 102

부탁 · 104

비의 랩소디 · 106

카푸치노 그리고 가을 · 108

제5부

어느 슬픔이 제비꽃을 낳았나 · 111

멋쟁이 새를 만나다니 · 112

운흥사 · 113

북대암 · 114

묵화1 —대화 · 115

묵화2 —소년 · 116

산사에서 · 118

무심사에서 · 119

나무관세음보살 · 120

낮달이 되어 · 122

진혼무 · 123

경고문 · 124

· 제1부 ·

코로나 1
―봄도둑

봄은 없다
목련, 개나리, 벚꽃
저마다 난분분한데
이 세상 어디에도 너는 없다

눈인사도 나누지 못하고
서로를 피해 다니는 사람들
코로나가 훔쳐간 봄을 싣고
앰뷸런스가 지나간다

2020년 봄은
음압병실에 감금되고
봄을 도둑맞은 사람들 마스크를 한 채
벚꽃 흩날리는 나무 아래 서서

한 꾸러미
부고를 받는다

코로나 2
―고슴도치 딜레마

당신과 나 사이 거리는
2미터가 적당하다고 하네요
손을 잡을 수도
안아 줄 수도 없는 거리에서
간절함을 버무린 색은 자주빛
요즘 핫한 바이러스 같기도 하네요
마음대로 손잡고
마음 놓고 포옹했던 시간들이
하루 종일 구급차에 실려
음압병실로 이송되고 있어요
일상이 그리움이 되는 일
사실 그건 상상 속에서조차 없었던 일
온몸 가시가
서로를 찌를 수 있으니 적당한 거리는 필수
사랑에도 거리가 필요해요
곧 다가갈게요
그때까지 당신
부디
안
녕

코로나 3
—어떤 봄

골짝을 타고
허리에 허리를 붙잡고
참꽃 열차가 도착했네요

봄을 도둑맞은 사람들
아우성 속에서도
냇가 버드나무들 연두를 키우고

앞마당 우체통 속에는
박새 알 네 개
제집인양 뻔뻔하게 앉아있어요

마스크를 하고
손 소독제를 바르고
기차역에 줄을 서야겠네요

여기는 봄 역
내리실 손님은 오른쪽 문을
이용해 주세요

새들은 우편함에 둥지를 틀고

집을 빼앗겼다
첫 번째 우편함에 둥지를 튼 새
새로 만든 우편함에 둥지를 튼 새
우편함마다 집을 지은 새들 때문에
우편물들 갈 곳을 잃어버렸다

그 속에서
알을 낳고, 아기 새들이 태어나고
어미새는 부지런히 먹이를 물어 나른다
가만히 다가가 우편함을 열어보면
노랗게 입 벌린 편지들

아침에 눈뜨면
가장 먼저 읽어보는
설레는 연서

나쁜 엄마

엄지발가락이 곪았다
발톱이 자꾸 살을 파고들어와
몸속 온갖 신경들이
피라미 떼처럼 발가락 끝으로 몰려와있다

엄마와 딸에게는
보이지 않는 탯줄이 있어
딸의 통증이 엄마에게로 전이되는 것일까
엄마는 내 얼굴을 보고
대뜸 어디가 아프냐고 묻는다
어린아이처럼 징징대며
벌겋게 성난 발가락을 보여주었더니
종일 신발 속에서 땀이 차고
냄새나는 발가락
얼른 입으로 가져가는 엄마
깜짝 놀라 발을 뺐지만
엄마는 자꾸 발 내놓으라 호통이다

쉰을 훌쩍 넘긴 딸 걱정

아직도 못 놓고
발가락에 찬 고름 입으로 빨아내시려는
울 엄마
딸 눈에 눈물바람 일으키는
참 나쁜 엄마

냉이꽃 걱정

뒤란 텃밭에 소복이 모여
얼굴 맞대고 속닥거리는 냉이들
꽃 피기 전에 된장국 끓여먹어야 했는데
이미 질겨서 먹을 수도 없는 것들
다 갈아엎고
푸성귀라도 심어야 하는데

얼어붙은 땅
수없이 머리로 밀어내며 올라왔을
눈곱만 한 꽃들
차마 어쩌지 못하고 돌아오는 등 뒤에서
멍든 정수리 호호 불어주는
냉이꽃들
텃밭 가득 웃는 얼굴들

스며들다

삼월에 내리는 눈은
하늘에서 내리는 것이 아니라
땅에서 솟아 어디든 날아오른다

나비가 꽃을 찾아 앉듯
눈송이들 일제히
향기를 쫓아 날아가 앉는다

한 쌍의 더듬이와 겹눈
태엽처럼 말린 긴 입을 내밀어
꽃잎에 투신하는 화끈한 일생

눈 얇게 내려앉은 마당에
발자국 하트 그리며 걷던 내가
봄볕에 녹아 사라진다

내 사랑도
때론 후끈하다

겨울에 찔리다

몸속 맑은 피가 거꾸로 돌아
너는 바닥을 향해 자라고 있었지
단단히 붙잡지 않으면
결국 저 흙 속으로 흘러내려
사라지고 말 거야
서로 부둥켜안고 버티는 동안
녹아내린 것들 자꾸 키가 크고

단단하고 뾰족한 것들의 속성은
알고 보면 아주 부드럽고
물컹한 것
고드름 젖을 물고
큰개불알 두 송이 환히 눈뜨는
입춘 아침

꿈꾸는 민달팽이

민달팽이 한 마리 기어간다
납작 엎드린 채

냉기와 위험 다 감수하며
시멘트 바닥에 점액질로 길을 내는
오체투지
그 흔한 집 한 채 없이
맨살 맨몸으로 가는 길
외줄이다

서울 성수동 어느 지하 단칸방
5년째 경찰 시험 준비 중인 K군
미끈하고 긴 등 위에 밤새 집을 짓는다

'민'
Delete
아침에 눈뜨면 달팽이가 되어 있기를

법원 앞 은행나무

나뭇가지들
부지런히 바람을 휘젓는 한낮입니다
세상 모든 햇살들
은행나무 이파리로 모여들었는지
저마다 눈부셔
차마 쳐다볼 수도 없습니다
지난 끝 여름
나무가 내어 준 한 평 그늘에서
호떡 구워 팔던 청각장애인 아주머니
어디로 가셨는지
그 자리에 소비자 연맹 사람들
묻지 마 기소에 항의하며 시위를 하고
어떤 이는 누군가를 구속해 달라고
피켓을 들고 서 있습니다
그 많은 사연들 다 들어주며 서 있느라
법원 앞 은행나무 귀가 아프고
횡단보도를 건너온 사람들
길 위에 수북한 귀를 밟고 법원으로 들어갑니다
발자국마다
아픈 귀들이 따라갑니다

범뜰 이야기

내 마음속에
마을 하나 있네

그곳은
해가 뜨지 않는 물속에 있어
하늘도 구름도 산도
하루 종일 제 그림자를 던져
보살피는 마을

아직도
학교 종이 울리고
소가 달구지를 끌고 가고
강아지들이 태어나고
밥 짓는 연기 피어오르는
성주호 깊은 물속에 있는 마을

해가 지고
수면 위의 것들이
제 그림자를 거두어 돌아가면

마을은 다시 깊은 잠이 들고

전생처럼 내가
싸리문 밀고 집으로 들어가는

안동갈비

마음 헛헛하여 배고픈 사람들끼리
안동역 지나 그곳으로 갔네
고기 굽는 냄새 등에 업고
유행가 가사 흥얼대며 휘청이는 골목
생갈비도 좋고 양념갈비도 좋다며
붉은 살 한 점 구워 입 속으로 밀어 넣으면
빈 마음을 채우는지 빈속을 채우는지
소주잔도 부지런히
저를 비웠다 채우기를 거듭하고
마주 앉은 사람들
나는 누나 너는 동생 그 순간은 한 식구
다들 마음도 배도 채운 듯한데
식당 벽에 붙은 그림 속 한우
맑고 큰 눈망울은
왜 자꾸 나만 쳐다보고 지랄인지
그래, 미안하다
너를 좋아해서 미안하다

미안한 밥상

끓는 냄비 속에서
온몸으로 비명 내지르는
낙지 한 마리
입으로 빨판으로
뜨거운 물 들이칠 때마다
산란 후 죽은 어미와
죽은 어미 살 먹으며 알을 지켜낸 아비와
죽은 아비 살 먹으며 살아온
제 몸의 기억 떠올랐을까
힘 다 풀릴 때까지
냄비 밖으로 나오려고 꿈틀거리던
처절한 다리들 씹어 먹는데
뱃속 저 안쪽부터 차올라 출렁이는
검은 바다

저장 혹은 삭제

그가 나를 당겨간다
속절없이 끌려가는 나
공인인증서로 확인받고
앱에 나를 저장한다

마트에 진열된 과자봉지처럼
얼굴 사진 아래 바코드가 생성된다
누군가 계산대에 나를 찍는다
값을 지불하고 나를 가져간다

나를 팔고 너를 사고
나를 지우고 너를 저장한다
이마에 바코드 찍힌 사람들
우글우글
휴대폰 속에 산다

중복 전 날

해바라기마저 태양을 등지고
고개 떨군다
더위에 지친 분꽃도 향기를 거두고
거친 숨 몰아쉬는 한낮
마당 한 구석에
혀 빼물고 널브러져 있던
검둥이가 가출을 했다
때마침 골목의 적막을 깨우는
개장수의 외침
"개나, 염소 삽니다."
멈추어 선 트럭을 뒷발로 차며
쏜살같이 달려오는 녀석을 품에 안고
얼었던 심장을 쓸어내린다
해바라기가 다시 태양을 향해 고개를 들고
분꽃이 일제히 분내를
뿜어낸다

• 제2부 •

# 청동 신발

다뉴브 강가의 신발들
녹슬어 가고 있네
그날의 강물
어느 먼바다로 흘러들어
붉은 바람 되어 부는지
한국 가수 몇 명이
헝가리 부다페스트로 날아가
다뉴브 강가에서
Sarah Mclachlan의 Angel을 부르네
강물은 속절없이 눈부시네
You're in the arms of the angel
이제는 천사의 품에 안겨 아프지 않기를
어둠 속에 켜 둔 추모의 촛불 위로
심장 뚫린 영혼들 날아다니고
진도 앞바다 지나
다뉴브 강까지 온 세월호 노란 리본 하나
아이들 영혼을 데려오네
청동 신발 신은 어른과 아이들
첨벙첨벙 춤을 추네

우울한 비상

겨드랑이에
날개가 돋기 시작한 그녀
잠들지 못하고
아파트 베란다에 서 있다

날개가 자라날수록
높은 곳에서 더 높은 곳을 향하여
오르는 여자
삼월 폭설을 박차고 날아올랐다

발아래 세상은 샤갈의 마을
수많은 흰 손들 손짓하는
눈부시게 우울한
숲

비프로스트*

비행기 안에서 본
무지개는 기둥이다
인간계와 신계 중간 어디쯤
쉼 없이 무지개를 만들어
지구 곳곳으로 내려 보내는 이
누구인가

어깻죽지에
날개 돋은 아이들 무지개 타고 내려와 전해주는
신의 메시지 받아 읽는 동안
지상에 모든 별들
밤하늘로 돌아간다

*노르드 신화에 나오는 무지개다리

바나힐

안개의 입 속
몸통을 잃어버린 거인의 손이
형벌처럼 골든브릿지 들고 서 있다
해발 1500미터
떨어진 팔, 다리, 얼굴 널브러진 언덕
우의 입은 사람들 수채화 속에서 걸어 나와
프랑스식 건물 줄지어 선 골목
지나간다
억만 년 전 어디쯤에서
잠자리가 풀잎에 잠시 앉았던 것처럼
스쳤었나요 우리
찰나의 인연들
수백 계단을 올라가 종을 친다
종소리가
들리지 않는다

차라리

선덕여왕님
여기가 서라벌 땅 당신의 왕국이라면
천관녀의 집을 향했던 유신의 애마처럼
내 목을 베어주세요
하루 종일 사람들은 꽃마차에 오르고
나는 무릎이 닳아 피고름이 잡히도록
무거운 꽃마차를 끌고 다녀요
고단했던 하루가 어둠을 끌어와 덮어도
휴식 대신 찾아오는 마부의 채찍과 발길질
찢어진 등짝과 부어 터진 몸뚱이로
나는 또 꽃마차를 끌어요
오늘 밤 나는 전생으로 돌아가
마부의 숨통을 조르고 말 거예요
이제 환생은 없어요
결코

아가리를 가진 발

발이 덥석 덫을 물어요
덫이 놀라 소리 질러요
발뒤꿈치에 큰 아가리와 날카로운 이빨이 있었다니
와, 참 놀라워요

발이 덫을 물고 흔들어요
누군가 발의 아가리를 벌려 덫을 빼려 해요
덫이 피 흘리며 울부짖어요
통증이 숲을 흔들어요

덫에 발목 잡혀 이미 세상을 버린
멧돼지와 고라니들의 영혼이
나무와 나무 사이를 휙휙 돌아다니며
춤을 추어요

덫이 얕은 구덩이를 파고
발을 매장해요
숲이 숨소리도 못 내고 그 광경을 훔쳐보아요
나무들이 일제히 손가락을

입술로 가져가요
쉿!

다섯 개의 입

도화지 속에 사는 여자가 말을 해요
꽃잎 같은 입술이 자꾸 나풀거려요
그녀에게도 귀가 있지만
하루 종일 자기 말만 하는 입술 때문에
매일 조금씩 귀가 작아져요
세상에나
이제는 아주 없어진 것처럼 보이지도 않아요

잠에서 깨어난 그녀가 거울을 보아요
다섯 개의 입이 그녀를 향해 괴물처럼 웃어요
놀란 눈이 스프링처럼 튀어나왔다가
제자리로 들어가요
그녀가 입을 닫고 귀를 열어요
입이 하나씩 없어지고
귀가 조금씩 자라나요

분홍의 말

빨강과 하양
첫눈에 반한 둘
서로에게 섞이고 녹아들어
한 몸이 되었어요

빨강이 하양이 되고
하양이 빨강이 되는
절정에서 나는 태어났어요

자, 이제
당신 가슴을 열어주세요
치열하고 팽팽한 삶의 줄
잠깐 내려놓고
두근대는 분홍 심장이 되어보아요

정열과 순수가 낳은 아이
반항과 포용이 낳은 아이
언제든 쿵쿵
뛸 준비가 되어 있는
내 이름은 분홍이에요

청산도

당리 언덕 붉은 길 그녀가 걸어간다
아리아리랑 스리스리랑 덩실덩실 걸어간다

눈 바쳐 소리 얻었으니 뭐에 그리 분할거나
서러워 고운 그 길 나도 따라 걸어간다

사람이 살면 몇 백 년을 사나
개똥 같은 세상에도 기어이 봄은 오고

송화야, 유채 환한 그날 우리 같이 눈을 뜨자
언덕 위 그 집까지 춤추며 올라보자

어떤 토르소

그레이스
어쩌면 좋아요
르네상스 여인의 누드화처럼
아름답게 옷 벗은 당신 등에서
신비로운 초록불이 타오르고 있네요
꽃잎 같은 당신 입술로
곱게 다듬은 붓으로
섬세하게 칠한 야광시계 숫자판은
어둠 속에서 어지럽고 현란하게 돌아가고
어린 소녀들
하나씩 유령이 되어 골목을 누비는 동안
이빨과 머리카락이 빠지고
뼈가 썩어 내린 사람들
허우적거리며 악마의 블랙홀로
빨려 들어가고 있어요

그레이스
팔다리가 있어도 걸을 수 없고
움직일 수 없는 소녀들

핏빛 꽃으로 피었다 지는 동안에도
우주의 별들 여전히 눈부시고
지구는 아무 일 없었던 듯
돌아가네요

기억할게요 그레이스
Don't Forget To Remember

*그레이스 : 1차 세계대전 중 미국 뉴저지오렌지 야광시계공장에서 라튬페인트 공으로 일하다 무서운 병에 걸린 라듐소녀 중 한 사람이며 이 소녀로 인해 라듐의 유해성과 법적 근거가 마련되었다.

추억식당 앞에서

그와 내가
알량한 추억 하나 없이
추억식당 간판 아래 서서
사진을 찍는다

벽은 내 어깨에 기대고
나는 그의 어깨에 기대고
추억이라는 건
서로가 서로에게 어깨 빌려주며
만들어가는 거라며
해바라기처럼 웃는데

방금 만들어진 싱싱한 추억을
집어삼킨 카메라가
생선 훔쳐 먹은 고양이처럼
후루룩 입술 훔친다

하필이면

콘크리트 갈라진 틈 사이에
피어난 제비꽃

어린아이가 별이 되면
별똥별 떨어진 자리에
피는 꽃

포슬포슬한 흙 위에
옮겨 심는 건
아이를 보낸 엄마 마음

입술 떨며 몸살 앓다가
기어이 시들시들 말라가는 건
꽃의 마음

콘크리트 틈서리에
그냥 살게 두었더라면
괜찮았을까

후회하는 건
내 마음

부부

누구나 시작은 그렇다고 해요
남자는 밤하늘 별도 달도 따준다고 말하고
손에 물 한 모금 안 묻히게 해 줄게
말을 하지요

결혼 한지 삼십 년
기억 속 약속의 말은 어디론가 사라지고
이제는
별들이 내려와 반딧불이와 노는 마당 함께 쳐다보며
이야기 나누는

공기 같고 물 같은 우리는
그냥 친구예요

마음 마시기
―홍예원에서

아지매~
하고 부르며 문을 밀고 들어서자
벽난로에서 빠져나온 연기가
놀란 아이들처럼
우르르, 한쪽 구석으로 몰려가 숨는다
바닥에 혹은 벽에
제멋대로 걸리고 놓인 그림들
낯선 방문객 빤히 쳐다본다
도도하게 눈 내리 뜬 여배우
들국화와 모과가 있는 정물
오래된 접시와 찻잔들이
머리끝부터 발끝까지 샅샅이 훑으며
나를 구경한다
아이고, 조카 왔는가
정원수를 정리하다 들어온 그녀는
큼직한 앞치마에
겨울 햇살 한 아름 담아와 부려놓으며
따끈한 보이차 한잔 우려 준다
눈 내린 들녘이 보이는 창가에 앉아

기다림을 말하는
빨간 우체통 바라보는 일은 휴식이다
마음 한잔 마시며
아직은 먼 봄에게 한 장
편지를 적는다

오월의 바람

너에게로 간다
네가 좋아하던 쉬폰 원피스 꽃무늬
바람결에 띄우며
초록색 지붕
네가 살고 있는 그 집으로 간다
등 뒤에 감춘
수레국화 한 다발 소리 없이 흔들리고
너도 여전히 설레며
나를 기다리는지 알 수 없는
그 집으로
내가 한 걸음씩 걸어가는 동안
너는 나에게
연기로 피어오르다가
꽃으로 피었다가
어느새 긴 목 빼고 기다리는
빨간 우체통이 된다
오래 기다렸던
먼지 수북한 소식이
된다

푸른 편지

마당에 나갔던 남편이
새 한 마리 감싸 안고 들어온다
아래채 처마 밑 거미줄에
새가 걸려 있더라며
온몸에 거미줄 칭칭 감은
딱새 한 마리 손바닥에 올려놓는다
젖은 새의 삶이
통째로 와 떨고 있다
거미줄에도 새가 걸릴 수 있구나
그저 놀라워하며
점액질 가득한 줄 한 올 한 올
날개에서 떼어내며
새가 걸려 꼼짝 못할 튼튼한 집 지었을
거미의 노동을 생각한다
새를 날려 보내며
거미의 한 끼 아니 여러 끼를 염려한다
허공
그 서슬 퍼런 먹이사슬 속으로
날아가는 새

박씨 담긴 편지 한 통
물고 올까

남평 문 씨 세거지

홍매 흐드러진
인홍마을에 가 보았습니다
마침 거짓말처럼 봄눈 내리고
흰 눈 한 송이씩 물고 선 붉은 입술
아득한 설렘입니다
얼굴 마주 보며 입맞춤하는 연인들
나무 사이를 뛰어다니는 볼 빨간 아이들
머리 맞대고 셀카 찍는 소녀들
모두 다 꽃으로 피어나는
봄눈 오는 마을에서
내 눈 속에도
자꾸 홍매 벙글어 터져
눈이 가렵습니다

· 제3부 ·

쉿!

알파카 한 마리 들어온다
쌍꺼풀 진 눈 뽀얀 피부
윤기 나는 풍성한 털, 한 눈에도 화려하다

이름을 찾으러 왔다며
횡설수설 입을 여는 그녀 이름은 행운 씨
아니 지금은 무명 씨
머리끝부터 발끝까지 돈 칠갑을 하고도
빚진 돈 갚지 못해 신용불량이란다

그녀에게
행운이라는 이름은 사치
지난여름 산책길에서 주워
책갈피에 갈무리해 둔 네잎클로버
나는 줄 생각이 없다

알파카 한 마리 먼 사막으로
돌아간다
이름도 없이

우포 소묘

너를 만나기까지
일억사천만 년 전부터 해가 뜨고
다시 그날의 해 이우는 곳
있다는 것 모르고 살았네
밤새워 뱉어낸 늪의 숨결
수십만 평 도화지 위에
마른풀들이 적어놓은 알 수 없는
언어들
물꿩 오 남매가
밑줄 그으며 읽고 지나가는 동안
해독을 갈망하는 내 귀의 달팽이관
수없이 꿈틀거렸네
물안개 걷어내며 떠오르는
두 개의 태양을 향해
빈 나룻배 한 척 풀어
노 저어 가면
그 어디쯤에서 만나게 될까
인간 이전의 나

가시연 씨앗

한

톨

하심(下心)

소리길을 걷는다
숲을 따라 이어진 길 소란하다
물소리, 바람소리, 새소리
시끄러운 것들이 새삼 다정하다
다시 길을 걷는다
나뭇가지 하나 길 밖으로 튀어나와
허공에 길게 누워있다
마음에 날 세운 사람들
하나 둘 머리 조아리고 지나간다
도도하고 꼿꼿하던 마음이
나뭇가지에 걸려 비로소 겸손하다
머리 숙이고 지나가야만
볼 수 있는 환한 풍경 앞에서
나를 가장 낮은 곳에 내려놓고
마음에 찍는
점
하나

덕실이 할매

요양병원 15인실 문지기 할매
침대 난간에 양손 묶인 채
지난 시간 속으로 걸어 들어가고 있다

금세 밥 먹고도
"배고프다 밥도"
소리치는 묵돌이 할매
하루 종일 시금치나물 무치고
추어탕 끓이고 강냉이 빵 찌느라
입이 바쁘다

이팝 송이처럼 많은 날 중
가장 가난하고 배고팠던 시간에
꼼짝없이 갇혀 사는 할매
째각째각
무심히 걸어가는 시곗바늘 잡는다
세상이 우뚝 멈추어 선다

배경이 하얗게 지워진 허공에
입 하나 둥둥 떠다니며
아이를 먹이고, 이웃을 먹이고
우주를 먹인다

오래전 그녀

분홍저고리 입은 그녀
갈래머리 소녀와 나란히 꽃밭에 앉아있다

도토리묵 만들어 장에 내다 파느라
검게 물든 손바닥 누가 볼세라
움켜 쥔 주먹 속에 닳아 희미해진
지문 같은 삶이 갇혀있다

시간여행을 하다가 능소화 무리 만났다
그날이 남은 생 중
가장 눈부신 날인 줄 모르고
무성한 잎들 힘겹게 끌고
높고 긴 돌담 넘는
그 꽃

남평 문 씨 내 어머니

마음을 꿰매는 신기료장수

대명1동 사무소 앞
골목길 구석
신기료장수 할아버지 꾸벅꾸벅 졸고 있다

바쁘다는 핑계로
밑창 고무 다 닳아 없어지도록 끌고 다녔던 내 구두
덜컥 덜컥 소리 내며 다가가
할아버지 단잠 깨운다

굽갈이해야 할 시기를 놓친 시간만큼
기울어지고 패인 구두의 상처
때 묻고 거친 손길이 붙이고 갈고닦아 새 살 돋는다

갈라지거나 비틀림 없이
벌레와 화재에도 강한 오동나무
옛사람들은 딸 낳으면 오동 한 그루 심었다는 말씀
그 귀한 나무로 만든 신발 신고 있으니
손님은 참 귀한 사람입니다
라고 하는 말씀

사람들 속에서
찢기고 뜯긴 마음
한 올 한 올 꿰매어 준다

순철이 아재

소년 시절 연탄공장 노동자였다가
일가붙이 하나 없는 아내 만나
딸 둘, 아들 하나 낳고 사는 동안
시외버스 운전기사로 살았던 그 남자
젊은 시절부터
그에게 붙어살았던 폐병 때문인지
일생 뼈만 앙상한 몰골이었지만
젓가락 장단에 맞춰 노래 한 자락 펼쳐 놓으면
안 넘어가는 여자 없었다는 그 남자
순하게 웃어주던 주름진 얼굴
영정사진 속에 갇혀있다
망연자실 벽에 기대어
널브러져 있는 아들 얼굴에
잠시 오버랩 되었다가
병풍 뒤로 사라진 아재
올여름 한 송이 개망초로 온다면
그 꽃
오래오래 눈 맞추며
만져보고 싶다

오래된 우물

늙은 샘 하나
쉼 없이 물 퍼내고 있다

논바닥 갈라 터지는 가뭄에도
한 번 마른 적 없었던 우물
오십여 년
시시포스의 형벌처럼
자식 위해 물 길어 올리고 있다

손가락 마디마디
구부러진 연탄집게처럼 굳었어도
신음마저 텅 빈 뼛속으로 밀어 넣으며
끝내 견디시는 아버지

바람 유난한 이월 초사흘 밤
먼 기억 속 우물 되어
우, 우—
야윈 달 바라보며 속울음 운다

양파

베란다에 내놓고
버려두어도 죽지 않아
햇살도 바람도 없는
상자 속에서도 싹을 틔우지
쭈글쭈글 물컹물컹 늙는다 해도
그리 슬퍼할 일은 아니야
우연이라도 발견하면
유리컵 가득 물을 담아
햇살 잘 드는 창가에 올려주면 좋겠어
이튿날 창가에서
뿌드득, 끙
누군가 허리 펴는 소리 들리면
놀라지 말았으면 해
내가 햇살을 향해
조금씩 일어서고 있는 중이니까
삶이라는 껍질 한 겹씩 벗겨내며
힘겹게 살아온 내가
굽었던 허리 펴는 중이니까

지푸라기라도 잡아야지

쉰을 넘긴 엄마와
열네 살 아들이 대화를 한다

아들아
지금은 젊은 사람도 일자리가 없어 힘든 세상이라
엄마는 늙어서 일하러 나가기가 좀 그러네

헉, 엄마
청년들은 자식이 없지만
엄마는 자식이 둘이나 되니 지푸라기라도 잡아야지
뭘 잡아?
지
푸
라
기

한 글자 한 글자
또박또박
심장에 날아와 박히는

틀리지 않아서 더 기막히고 슬픈 그 말 붙잡고

엄마는 오늘도
지푸라기 잡으러 간다

어북실

코스모스 꽃무리
억새풀 무리
줄다리기 팽팽한 들판에
뒷모습도 걸음걸이도 똑같은 할머니 둘
삐뚤빼뚤 걸어갑니다

입 꼬리로부터 시작해
볼까지 잡힌 주름도 똑같아서
고개 내밀고 보고 있던 꽃들
저희끼리 머리 맞대고
키득키득 웃습니다

한 어머니 태를 타고 태어나
자매로 자랐다고는 하지만
오십 년 훌쩍 넘는 세월 다르게 살아온 할머니들
어쩌면 주름까지 꼭 닮아있는지

고령 회천변 어북실에서는
가을 한 철

수만 평 피어있는 코스모스와 억새풀들이
사람 구경을 합니다

이런 사람 저런 사람 구경하다 보면
서쪽 산이 꿀꺽 하루해를 삼킵니다

질문

가정법원 출입문 앞
삼십 년 쯤 함께 산 듯한 중년 부부
마주보며 티격태격
너 잘 했느니, 나 잘 했느니 싸우고 있다
해묵어 먼지 푸석이는 가슴 속 앙금
툭툭, 털어내며
서로의 가슴에 또박또박 상처를 새기고 있다
지금 서 있는 그 자리에서
한 발자국만 돌아서면 남남인데
무슨 미련 남았느냐며
봄기운에 기지개 켜던 산수유가
입술 실룩이며 묻는다

화원 장날

월배, 화원, 옥포, 논공, 현풍
닷새마다 돌아가며 장이 서는 오일장
채소전 김 씨, 어물전 최 씨, 잡화상 박 씨도
수레에 짐을 싣고
새벽을 가르며 걸어와 전을 펼친다

애들은 가라, 애들은 가라
밤마다 오줌을 누면 요강을 깬다는
희한한 약을 파는 약장사 구경은 기본
뻥이요 뻥 소리에
귓구멍 꽉 틀어막고 있다가
튀밥처럼 톡톡 뛰어다니며
강냉이 주워 먹는 아이들

어쩌다 한 번 파장에
장꾼들끼리 팔씨름이라도 붙으면
김 씨 이겨라, 최 씨 이겨라
장바닥 한 번 더 후끈 뜨겁고
그날 밤

시장옥 젓가락 장단 오래 멈출 줄 몰랐고
울 아버지 통금이 다 되도록
돌아오지 않으셨다

하늘하늘 낡은 것들

이삿짐 속에는
한 삶의 설움과 궁핍이 짜깁기되어있다

바퀴벌레가 나온다고
방구석 구석 독한 가루약을 뿌려놓고 살던
성수동 집을 탈출해
논현동 집으로 이사한 아들의 짐을 정리하는데
속살 다 비칠 만큼 해진
팬티 몇 장 양말 몇 켤레 울컥하여
차오르는 울음 죽을힘 다해 밀어 넣는다

열 달 동안 한 몸이었다가
내 몸에서 분리된 지 서른 해인데
마음속에 잉태한 채
아직 출산하지 못한 태아

엄마는
아이를 중심에 놓고 세상의 시계를 돌리고
아이는 탯줄 끊어내고 날개를 달고 싶다

방안 가득
잠자리 날아오른다

자화상

벽에 붙어 서서
제 몸을 굽는 여자
밤마다 벽을 부수는
꿈을 꾸는 여자
땡볕 아래 서서
우주 한쪽을 색칠하고 있다

그녀의 뒷목을 굽고
남은 빛으로 아스팔트를 녹이는
태양
여자의 맨발이 길 위에
발바닥 화석을 만든다

· 제4부 ·

차가운 온기

이월바람이 지나는
그 골목 아직 시려요
벽화 그리는 남자는
빈 벽에 새를 그려
자꾸 허공으로 날려 보내고
하루 종일 그림을 그려도
벽은 자꾸 빈 벽
움츠러드는 몸뚱이 채우는 건
으슬으슬 한기뿐인데
동네 아주머니 한 분
차가운 사과즙 몇 봉지
건네주고 가시네요
새를 그려 날려 보낸 벽에
매화를 그려
날아가버린 새들을 부르는 남자에게
새들이 돌아왔으면 좋겠어요
그냥 그런 마음이에요

백일홍

팔순 아버지
엄마 바가지 못 참고 첫새벽에 집 나가셨다

자다가 영감 잃어버린 엄마
온 동네방네 찾아다니다가
차 안에서 잠든 아버지 보고 죽은 줄 알고
"야야, 너그 아부지 죽었는갑다. 빨리 와 보그레이"
딸들 불러놓고 벌벌 떨며 깨워보라는데
멀쩡하니 잠 잘 자고 일어난 아버지

"내가 너그 엄마 땜에 몬 살겠데이, 어젯밤에 동네 사람들하고 노래방 갔다가 술 챈 할마시가 있어서 집에 델다주고 왔다꼬, 와 그 할마시 집에까지 델다주고 왔노? 그 할마시 좋아하나? 카면서 밤새 씨부리는데 우째 살겠노? 잠은 자야 안 살겠나?"
궁시렁 궁시렁
먼지 툭툭 털고 나오신다

칠순 넘긴 울 엄마

아직 붉디붉은
꽃이다

나팔꽃 유정(有情)

하늘까지 닿는
줄 하나 있었으면 좋겠다

나팔꽃 타고 오르라고
바지랑대 세워 주었더니
더 이상 오를 곳 없는 줄기 몇 개
덩굴손 뻗어 허공을 더듬는다

아무리 휘저어도
잡을 것 하나 없는 빈 하늘
나팔꽃 줄기는 기댈 곳 없는 허공에서
휘청휘청 바지랑대 찾고 있다

하늘 끝까지 오르고 싶은
간절한 푸른 손 가만히 잡아주자
아침 하늘 가득
보랏빛 나팔소리

구월

목 꺾인 해바라기 위에 걸터앉아
너를 기다리네

지난여름
유난한 가뭄과 폭염 건너온 꽃들
무수한 씨앗 품었으니
씨앗에서 태어나 씨앗으로 돌아가는 꽃의 일생
차마 아름다웠다 말하지 못하고
치열했다 말하네

한 뜰에서 피어나
한 계절 함께 건너온 대견한 꽃의 어깨
빗줄기가 토닥이며 위로하네

떠나지 않을 것 같았던 여름이
헤어짐을 준비하는 동안
길 건너 과수원에는 능금 익어가고
세상 모든 결실을 밟고
그렇게 네가 오네

시월

등 휘청 굽은 초승달 한 채
감나무 우듬지에 걸렸습니다
초승달 따다 책갈피에 끼우고
감잎도 주워 책갈피에 끼우고
당신에게 향하는 내 마음도 붙잡아
책갈피에 끼웁니다

지난해 이맘때
어느 시인이 보내 준 시집 속에
소중히 갈무리한 것들의 목록
초승달 한 채
감잎 한 장
그리고
당
신

11월

뒷모습이 닮은 두 사람이 걸어갑니다

나뭇잎들은
물드는 것이 아니라 물 짜내는 것
바래어 가는 것이라는 진리
뒤늦게 깨닫던 날
빨갛게 바랜 단풍나무 아래 서서
나뭇잎 사이로 깊어진 하늘
올려다 봅니다

우리도 나뭇잎들처럼
곱게 바래어 갈 수 있다면
바래는 일 또한 그리 눈물 나는 일 아닐 것 같아서
또 한 계절을 떠나보낼 채비를 하는 여자
어깨 위로 떨어지는 한 줌 햇살
툭툭, 털어내며 웃습니다

그녀 얼굴
빨갛게 바래었습니다

검은머리방울새

새들이
산속 집으로 돌아간다

바람마저 얼어붙어
한 점 소리 들리지 않는 저녁
깃털 빠지도록 날아다녔어도
뱃속에 가득한 건
허기뿐이다

차라리
그 길목에
나 한 그루 오리나무로 서면
수십 개 부리 달려들어
나를 빼먹을까

다 어디로 갔을까
그 많던 오리나무

꽃돌

잘못된 사랑이다
꽃을 수감하다니

제 안에
꽃을 가두어 두고
7천만 년을 살다니

돌 속에 갇힌 꽃 찾아
일생을 다 쓴 남자
꽃맥 찾아 돌을 깨뜨리자
한 잎 한 잎 다시 피어나는 꽃

돌도 아니고
꽃도 아닌
그것

뇌졸중

나무도 뇌졸중에 걸리나요
반쪽 검게타버려 반신불수인 나무에게 물었다
나무는 비뚤어진 입으로 대답했다
나무나 사람이나 별반 다를 게 없다고
불편한 몸으로 힘겹게 온몸 수액 우듬지까지 올려 보낸 나무는
잎들이 푸르렀다

이십여 년 함께 살았던 시어머니
뇌졸중으로 떠나던 그날
꿈속까지 찾아와 품 안에 안아 주고도 못다 한 말 남았는지
산모퉁이 돌아가는 길 언저리에 서 계신다

어머니 당신인가요
귀 대고 볼 부비고 한참 부둥켜안고 서 있어도
잎사귀마다 적어 둔 시린 말들 한 줄도 읽을 수 없어
발걸음마다 미운 정이 밟힌다

흰나비의 꿈

아버지 손잡고 신부가 입장한다
사위 어깨 다독이며 딸을 넘겨주는 아버지
눈시울 붉다

알에서 깨어나
애벌레로 살다가 네 번 허물 벗을 동안
어떤 꿈꾸며 기다렸을까
두껍고 무거운 번데기 벗고
빛나는 순백의 날개 나풀거리며
또 다른 한 생을 시작하는 딸
눈
부
시
다

나룻배 그리고 기억

기다려야 해
나는 나룻배

버드나무 숲으로 난 오솔길 따라
내게 오지 않았던 긴 세월을 거슬러
네가 내게로 온다면

자박자박
너의 발소리 기억하는 귀가
나보다 먼저
나루터에 나가 앉아 너를 기다리겠지

바람이 불면
제 맘대로 뒤척이는 나뭇잎처럼
너를 기다렸던 긴 시간 동안
그렇게 하얗게 뒤척이기라도 할 수 있다면
얼마나 좋을까 생각했던 날들

오래전 그때처럼

네가 내게로 돌아온다면
힘줄 도드라진 팔뚝으로
힘차게 노 저어
나를 저 강물 위에 띄워 준다면

노을빛 풀어놓은 저 강물 위에서
뜨겁게 너를 안고 출렁여야지

부탁

아이야
어두운 자궁 속
한 점 여린 생명이었던 네가
세상 밖으로 나오기까지
이백팔십 번 해가 뜨고
이백팔십 번 달이 이울었단다

아이야
나비 한 마리가
꽃을 향해 날갯짓 하기까지
알이 애벌레가 되고
애벌레가 번데기가 되고
두꺼운 껍질 죽을 힘 다해 빠져나와
꽃에게 닿는 것이란다

오늘 네 운동화 발에 밟혀
날개 찢기고 몸통 뭉개진 노랑나비 한 마리
네 꿈속으로 찾아가면
미안하다 말해줄래
꼭 그렇게 해줄래

비의 랩소디

커피 한잔
시집 한권 들고 테라스에 나와 앉아
빗소리 듣는 아침

잔디밭에 떨어지는 빗방울
모란 잎에 떨어지는 빗방울
장독대에 떨어지는 빗방울들이
서로 다른 소리 내며 연주를 한다

제 소리 높이지 않고
크고 작은 소리들 잘 섞고 버무려
만들어 낸 즉흥 연주곡

그 소리
가만히 따라 들어가면
빗줄기가 풀들의 물관을 두드리는 소리
물관이 꿈틀거리며 음을 조율하는 소리

오래전 기억 속

우산을 받쳐주며 소녀 뒤를 따라가던
소년의 발자국 소리
소녀의 심장 뛰는 소리

카푸치노 그리고 가을

단골 카페 테이크아웃코너에서
카푸치노 한잔 주문한다
해바라기 같은 여자가 웃으며 말을 건다
카푸치노 주문하시는 걸 보니
가을이네요

가을 한잔 들고
가을 거품을 콧잔등에 묻히며
가을을 혓바닥으로 핥으며
가을 속으로 걸어 들어간다

몸속에서 부풀어 오른 가을이
콧노래로 흘러나온다
바람이 부지런히 음표를 그리는 지금
계절의 시간은
구월

· 제5부 ·

어느 슬픔이 제비꽃을 낳았나

누가
눈물 떨구어
흙 속에 묻었나

누가
그 슬픔
빠져나오지 못하게
시멘트를 덮었나

단단한 바닥
틈서리 밀어내며 올라온
눈물 그렁그렁한
그 아이

멋쟁이 새를 만나다니

입춘 기도 올리고 나오는데
법당 문 앞에 작고 어린 중생
꼼짝 않고 앉아있다

소중히 안아서
스님 손에 얹어 놓았는데
날아가지도 달아나지도 않는 새 한 마리
대체 무슨 인연 따라 날아왔을까
가만히
무릎 꿇고 눈 감고 부처님 전에 앉으니
울컥, 서러운 전생

그날 이후
내 눈 속에 사는 새 한 마리

운흥사

바람 이리도 부는데 어쩌누
벚꽃 다 지는데 어쩌누
이런 날에는 우리
꽃 피는 것보다 꽃 지는 게 더 고운
운흥사에나 갈까요
절 앞마당 든든히 지키고 선
백 년 왕벚나무 그 늙으신 몸이
안간힘으로 피워낸 환한 꽃송이들
꽃비로 지는데
아깝고 안타까운 봄날은 가는데
그 꽃그늘에 서서
굵은 나무의 몸 가만히 안고 눈 감으면
껍질에 촘촘히 점자로 박힌 나무의 일생
아무도 몰래 적은 그의 일기장
그것 좀 훔쳐보면 또 어때요
이렇게 바람은 불고 꽃비는 오고
봄날은 가는데
뒤돌아보지도 않고 가는데

북대암

높이 더 높이
오르고 또 오르시어
지룡산 깎아지른 암벽 아래
아찔하게 앉으신 당신

천년고찰 운문사
한눈에 내려다보시고
사바세계 어린 중생
한 품에 다 안으시어

하루 종일 세속 근심
풀 먹여 다림질하시는 당신
또 한 분의 어머니
내 어머니

묵화 1
—대화

이름 모를 새 한 마리
남자와 마주 보며
하루 종일 물어 온 이야기보따리 풀어놓고
제 흥에 겹다

새의 집은
남자의 눈동자 속
세상에서 가장 작은 집에 살아도
그녀의 노래는 언제나

알
레
그
로

묵화 2
―소년

소 엉덩이 타고
뒤돌아 앉아
책 보며 가는 아이
아랫도리 훤하다

앙증맞고 예쁜
흠, 고놈
참
꽃보다 사랑스러운
…….

산사에서

둔철산 정취암에는
비 내리는 밤에도 별이 뜬다
절집 흙담에 기대어 세상을 보면
마을을 삼킨 어둠이
초롱초롱 별들을 토해낸다
정취암에서는
거꾸로 매달리지 않아도
산 아래 세상이 다 하늘이다
전갈자리
큰곰자리
물병자리
밤새 잠 못 들고 깜박이다가
새끼 잃은 어미 노루 울음소리와 함께
새벽예불에 든다

나무정취보살마하살
나무정취보살마하살

무심사에서

전생을 만났다
삼백 년 전 그해 겨울
산속 암자에 버렸던 그 아이
큰스님 옆에서
고사리 손 호호 불며
예불드리고 있었다
무심이란
세속의 마음 비워내고
가벼워지는 것
마음 비우려고 떠난 길 위에서
텅 빈 마음이 얼었다

나무관세음보살

마당으로 나오다가
무언가를 밟았다
소리도 없이
까무룩 자지러지는 마당

공처럼 튀어 올랐다가
하얀 배 드러내며
죽은 듯 누워있는
손톱만한 청개구리
겨우 몸 일으켜
뒤뚱뒤뚱 걸어간다

나무관세음보살
나무관세음보살

낮달이 되어

소를 찾아 떠난 길 위에
꽃수를 놓는 그녀
분홍낮달맞이 무리를 이룰 때까지 심어 놓고서야
바늘에 찔린 손가락 호호 불며
하늘 한 번 올려다본다
보일 듯 보이지 않는 경계
그 어디쯤
잡힐 듯 잡히지 않는 화두 하나
환갑을 앞둔 나이에도 잡지 못하고
채 피지도 못한 꽃봉오리로 출가하여
꽃이었던 기억조차
까무룩 지워버린 그녀
오월 하늘에 희미한 낮달로 걸려
먼 수행길 가고 있다

진혼무

처자식 입에 들어갈
간절한 밥 한 술
바라는 건 오직 그것 하나뿐이었는데
해방의 기쁨 맛보기도 전
사연도 모른 채 무참히 사살된 억울한 넋들
구천을 떠돌다가
칠십 년 세월 거슬러와
핏빛 강물보다 짙은 노을 앞에 섰다
마른 손등 위에 걸쳐진 흰 수건으로
원통하여 우는 혼
눈물 닦아 달래는 여인
끝내 땅바닥에 주저앉아
통곡 같은 춤을 추고
다시 돌아온 시월의 눈시울
뜨겁고
붉다

경고문

백담사 만해기념관 여닫이문에
'새 출입금지'
'쥐 출입금지'
'뱀 출입금지'
라고 굵은 매직펜으로
또박또박 눌러쓴 글씨가 배꼽 훔쳐 달아난다
세상에나 백담사에 사는 새, 쥐, 뱀은
한글을 읽는다나 뭐라나

새가 읽기 편하라고
'새 출입금지'는 위쪽으로
쥐와 뱀이 읽기 편하라고
'쥐 출입금지' '뱀 출입금지'는 아래쪽에 붙여놓고
들어오면 용서하지 않겠다는 단호함
창호문 가득 풀칠해놓고 있다

그 야무진 경고 차마 넘지 못하고
새는 부리로 콕콕
쥐는 이빨로 사각사각

뱀은 헛바닥으로 날름날름
수십수백 개 문구멍 흉흉 뚫어놓고
훔쳐볼 것 많은 세상
빠끔 들여다보고 있다

오월의 바람

2020년 9월 03일 초판 1쇄 찍음
2020년 9월 10일 초판 1쇄 펴냄

지은이 _ 곽도경
펴낸이 _ 라문석
편 집 _ 장상호
디자인 _ 김옥경

펴낸곳 _ 도서출판 두엄
등록번호 _ 제03-01-503호
주소 _ (41969) 대구광역시 중구 명륜로12길 21
대표전화 _ (053)423-2214
전자우편 _ dueum@hanmail.net

ⓒ곽도경, 2020
ISBN 978-89-85645-94-2 03810

*지은이와 협의하여 인지는 생략합니다.
*책값은 뒤표지에 표시되어 있습니다.

*이 도서는 한국출판문화산업진흥원의 '2020년 출판콘텐츠 창작 지원 사업'의 일환으로 국민체육진흥기금을 지원받아 제작되었습니다.

이 도서의 국립중앙도서관 출판예정도서목록(CIP)은 서지정보유통지원시스템 홈페이지(http://seoji.nl.go.kr)와 국가자료공동목록시스템(http://www.nl.go.kr/kolisnet)에서 이용하실 수 있습니다. (CIP제어번호: CIP2020035495)